AF267834

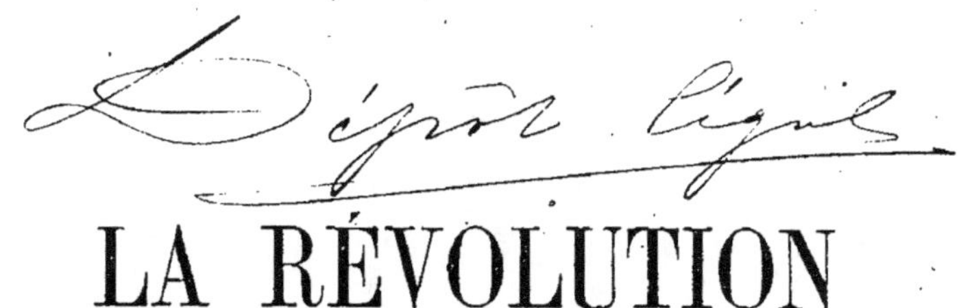

LA RÉVOLUTION

SON PRINCIPE — SES CONSÉQUENCES

PAR

LE GÉNÉRAL FOLLOPPE

TOURS

IMPRIMERIE PAUL BOUSREZ

5, RUE DE LUCÉ, 5

LA RÉVOLUTION

SON PRINCIPE — SES CONSÉQUENCES

LA RÉVOLUTION

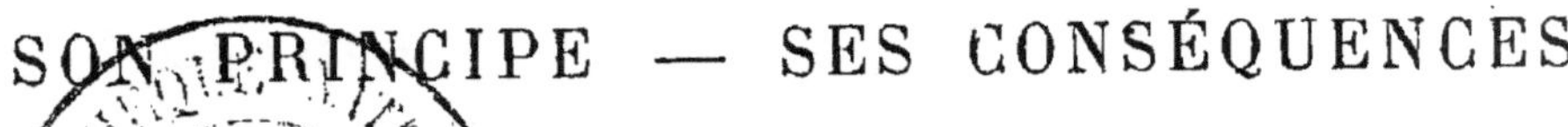

SON PRINCIPE — SES CONSÉQUENCES

PAR

LE GÉNÉRAL FOLLOPPE

TOURS

IMPRIMERIE PAUL BOUSREZ

5, RUE DE LUCÉ, 5

LA RÉVOLUTION

SON PRINCIPE — SES CONSÉQUENCES

Messieurs (1),

Un homme du monde, magistrat distingué, qui se fit religieux de la Compagnie de Jésus dans toute la maturité de son talent, le R. P. de Ravignan, disait : « Le chef-d'œuvre du démon a été de se faire nier par notre siècle. »

De son côté, un savant bénédictin, Dom Prosper Guéranger, le restaurateur de son ordre en France, a écrit : « Il n'est pas rare de rencontrer des personnes aux yeux desquelles l'action continue des démons autour de nous, n'est autre chose qu'une croyance gothique et populaire qui n'appartient pas aux dogmes de la religion... Pour elles, Satan semble n'être qu'une pure abstraction dans laquelle on a personnifié l'esprit du mal. Tout ce qu'elles entendent dire de l'existence des démons, de leur adresse à séduire les âmes, leur semble fabuleux...

« Chrétiens de nos jours, souvenez-vous... que ce n'est

---

(1) Cet opuscule est le résumé de trois conférences privées faites en juin et juillet dernier à des auditoires différents. C'est ce qui explique certaines répétitions dont la suppression aurait exigé une refonte générale. Les circonstances nous ont conseillé de nous contenter de quelques modifications moins complètes.

pas à un être de raison que vous avez renoncé sur les fonts baptismaux ; c'est à un être réel, formidable, et dont Jésus-Christ nous dit qu'il a été homicide dès le commencement (1). »

Fort de ces deux imposants témoignages, je ne crains pas de vous montrer dans Satan le premier des révolutionnaires, leur chef à tous, le père du mensonge et des menteurs.

C'est lui qui fit éclater la révolte dans le ciel, qui mit par un mensonge le désordre dans le paradis terrestre, qui sut si bien séduire les hommes qu'il put se flatter un instant d'être le maître de la terre.

Tel fut le premier acte de la Révolution, dont le principe réside dans la prétention de la créature de s'émanciper du Créateur. Cette prétention forma la phalange des anges rebelles, et divisa le genre humain en deux ordres : « l'un, composé des hommes qui vivent selon l'homme, et l'autre, des hommes qui vivent selon Dieu. » (*Cité de Dieu,* livre xvi.) Il y a donc lieu de considérer deux sociétés qui « s'enlacent et se confondent dans le siècle jusqu'à ce que le dernier jugement les sépare. » Saint Augustin les décrit ainsi :

« Deux amours ont bâti deux cités : l'amour de soi jusqu'au mépris de Dieu, la cité de la terre ; l'amour de Dieu jusqu'au mépris de soi, la cité de Dieu. L'une se glorifie en soi, et l'autre dans le Seigneur. L'une demande sa gloire aux hommes ; l'autre met sa gloire la plus chère en Dieu, témoin de sa conscience. L'une, dans l'orgueil de sa gloire, marche la tête haute ; l'autre dit à son Dieu : Vous êtes ma gloire, et c'est vous qui élevez ma tête. Celle-là, dans ses chefs, dans ses victoires sur les autres nations qu'elle dompte, se laisse dominer par la passion de dominer. Celle-ci nous montre des

____

(1) *Année liturgique,* troisième dimanche du Carême.

citoyens unis dans la charité, serviteurs mutuels les uns des autres, gouvernants tutélaires, sujets obéissants. » (*Cité de Dieu*, liv. xiv, 28.)

Les esclaves de Satan, qui forment la cité de la terre, s'étaient élevés bientôt à un haut degré de culture intellectuelle et de prospérité sociale : ils avaient fondé maint empire, tandis que le vrai Dieu ne conservait qu'un petit nombre d'adorateurs et qu'il avait dû constituer le peuple juif pour conserver la tradition de la promesse du Rédempteur. « Ainsi la cité de la terre nous présente ici deux figures : l'une qui manifeste elle-même sa présence, l'autre dont la présence sert de symbole à la cité du ciel. » (*Cité de Dieu*, xv, 2.)

Le Fils de Dieu vint enfin pour détruire les œuvres de Satan (S. Jean, iii, 8.) Il le vainquit personnellement sur la croix ; avant de quitter la terre il institua l'Église pour continuer la lutte jusqu'à la défaite finale du démon. L'Église est donc la cité de Dieu.

La rédemption du genre humain était opérée.

Sans doute, dirons-nous encore avec saint Augustin, il a « été au pouvoir de Dieu de prévenir la chute de l'ange et celle de l'homme. Mais il a préféré ne rien soustraire à leur liberté, afin de montrer tout ce que peut leur superbe pour le mal et sa grâce pour le bien. » (*Cité de Dieu*, xiv, 27.) Ce pouvoir de la superbe pour le mal est le péril de notre liberté ; il ne lui est nullement essentiel ; « il n'en est que le signe, comme la maladie est le signe de la vie. » (Saint Thomas.) Les révolutionnaires ont pris le signe pour la réalité et lâché la proie pour l'ombre. Dans leur orgueil, ils ont cru et croient encore qu'il suffit de faire acte d'insubordination pour être indépendant. C'est le comble de la sottise et de l'ingratitude : le comble de la sottise, car pour être absolument indépendant, il faut être souverainement intelligent et tout-puissant ; le comble de l'ingratitude, car le Créateur, qui possède l'intelligence et la puissance suprêmes, veut faire participer les créatures intelligentes à *sa* nature divine, les associant ainsi à *son* omnipotence et à *son* indépendance autant que leur condition native le peut comporter. Pour cela, il ne leur demande qu'une chose, leur amour : *ama, et fac quod vis*.

Jésus venant pour nous témoigner le sien ne veut point autre chose : « il se fait Fils de l'homme afin que nous puissions devenir fils de Dieu. » Il nous dit que le démon n'est pas *resté* dans la vérité et qu'il fut homicide dès le commencement ; mais que si nous *demeurons* dans sa parole nous serons véritablement ses disciples et nous connaîtrons la vérité, et la vérité nous rendra libres, en nous délivrant du péché et des passions mauvaises, en illuminant nos âmes, en nous unissant enfin à lui jusqu'à nous faire participer à sa nature divine et à sa souveraine indépendance. (S. Jean, viii, 36.)

C'est ainsi que l'incarnation du Verbe est venue renouer l'alliance que Dieu avait daigné contracter avec l'homme et dont la rupture avait été l'inauguration même de la Révolution. Le Christ est donc l'auteur de la contre-révolution, et les fidèles en sont les ouvriers, ouvriers volontaires et aussi libres que les complices de Satan sont esclaves ; car ceux-ci sont le jouet de l'erreur et des passions, tandis que ceux-là savent ce qu'ils font et où ils vont.

Ceci nous ramène à la question de liberté, dont j'ai déjà eu, Messieurs, l'honneur de vous entretenir et dont je ne vous dirai, par conséquent, que ce qui est indispensable à mon sujet (1).

____

(1) Voir le très-remarquable petit traité de Mgr de Ségur sur *la Liberté.*

On confond trop souvent sous le nom de liberté deux
choses très-distinctes *le libre arbitre*, qui est *la liberté*
proprement dite, et *la spontanéité*, qui n'en est que
l'ombre. L'animal qui erre sans contrainte dans nos
forêts jouit de *la spontanéité*, mais il n'est pas libre,
parce que tous ses mouvements sont fatalement déter-
minés par l'instinct qui le pousse, tandis que nous,
Messieurs, alors qu'on enchaînerait nos pieds et nos
mains, nous serions libres, parce que Dieu nous a remis
la décision de nos actes de volonté ; rien ne les déter-
mine si ce n'est notre volonté même. Nous sommes
doués du franc arbitre.

« Dieu, dit l'Écriture, a laissé l'homme dans la main
de son conseil ; l'homme a devant lui la vie ou la mort,
le bien et le mal : on lui donnera ce qu'il désire. » (Eccl.
xv, 14, 18). Il ne perd cette liberté qu'avec la raison,
comme pendant l'ivresse ou la folie. La liberté de la
volonté a, en effet, ses racines dans l'intelligence, ce qui
fait dire à saint Thomas : « *La racine de la liberté* comme
sujet, c'est *la volonté* ; mais comme *cause*, c'est *la raison*.

La *liberté de l'arbitre* est incomparablement plus précieuse que *la simple spontanéité*. L'homme partage l'une
avec l'ange, et l'autre avec la brute. Il est donc bien
plus déshonorant d'être l'esclave d'une passion que
l'esclave d'un homme. C'est bien plus dur aussi.
« O misérable esclavage que celui du péché, s'écrie
saint Augustin ! L'esclavage de l'homme fatigué des
âpres exigences de son maître, y échappe quelquefois
par la fuite : où fuira l'esclave du péché ? Il se traîne
lui-même partout où il fuit, et le péché est en lui : le
plaisir passe, le péché ne passe pas ; passé ce qui réjouis-
sait, reste ce qui déchire. Celui-là seul peut délivrer du
péché qui est venu sans péché et s'est fait sacrifice pour
le péché. » Aussi quelle oppression cruelle et détestable
les révolutionnaires ne font-ils pas peser sur le chré-

tien, en tarissant les sources où il peut aller puiser la justice, et en laissant une liberté excessive au mal qui tend à le dégrader! Ils le privent ainsi de la plus précieuse de ses libertés extérieures et restreignent doublement son libre arbitre : ils le livrent, pour ainsi dire, au péché, tandis qu'ils le privent de la grâce, qui en préserve et en délivre. C'est attiser le feu sous la chaudière et condamner la soupape. C'est consommer le mystère d'iniquité et rendre inutile le sang versé par Jésus-Christ. *Vos ex patre diabolo estis, et desideria patris vestri vultis facere.* (Joan. viii, 44.)

Fait à la ressemblance de l'Homme-Dieu, que les anges rebelles avaient refusé d'adorer, destiné à remplir au ciel la place laissée vacante par leur défection, l'homme est, à ce double titre, l'objet de toute la haine de Satan, qui veut détruire en lui la ressemblance divine en faussant sa raison, le détourner du ciel en corrompant son cœur. Ne pouvant atteindre Dieu, il veut le poursuivre dans sa créature, dont il fera son esclave et sa victime. Il pousse donc l'homme au mal pour le rendre intérieurement esclave du péché, et extérieurement par le péché qui l'abrutit, esclave de son semblable. Il sait qu'ainsi dégradé par ses passions, par la licence ou par la tyrannie, l'homme lui est livré ; alors il lui fait trahir son Dieu et l'envoie se pendre.

Jésus, au contraire, vient rendre à l'homme sa dignité première de créature raisonnable et destinée au ciel. Ne voulant avoir que des adorateurs en esprit et en vérité. il libère l'homme aussi bien du démon que de l'homme, et l'Église perpétue cette action libératrice de Jésus. Il est apparu plein de grâce et de vérité pour *éclairer notre intelligence et fortifier notre volonté*, il a ainsi repris notre liberté *par la racine*. Intérieurement, il a affranchi l'homme du péché et de l'erreur (Saint Jean, viii, 31, 37), tandis que par la crainte de Dieu, il a affranchi de toute autre crainte. (Saint Luc, xii, 4, 5.) Extérieurement, il n'a pas exclu l'emploi de la force, toujours nécessaire pour réprimer la licence ; mais il en a subordonné l'emploi à la justification préalable de sa nécessité (Saint Jean, xviii, 22, 33) ; il a rendu plus humain et a consacré en même temps celui qui en est revêtu, en enseignant qu'il est le mandataire de Dieu (Saint Jean, xix, 10, 11) ; il a limité ce pouvoir en le distinguant du pouvoir spirituel (Saint Mathieu, xxii, 21 ; Saint Jean, xix, 36), et en le lui subordonnant dans la sphère des intérêts moraux et religieux. (Saint Luc, xii, 5, 8, 12 ; Saint Jean, xix, 37 ; Actes, iv, 9.) Enfin Jésus a appris aux dépositaires du pouvoir spirituel qu'ils n'ont pas un privilége, mais une charge. (Saint Luc, xxii, 25, 24.) Ainsi toutes les conditions de la liberté et de l'autorité qui la sauvegarde ont été posées ; mais les hommes ne veulent pas s'astreindre à les remplir. Affranchir l'intelligence par la vérité, c'est troubler l'eau de l'erreur, qui prétend s'affirmer ; et affranchir la conscience par la crainte légitime de Dieu, c'est faire tort à celui qui spécule sur la crainte qu'il peut inspirer. Remplacer le droit de la force par la force du droit, c'est ce que n'entend pas souffrir le plus fort. Quant à ne rendre à César que ce qui est à César, c'est irrévérence ; obéir plutôt à Dieu qu'à lui, c'est rébellion ; professer que sa puissance vient d'en haut, c'est insulter à Sa Majesté.

Aussi quel *tolle* les fauteurs d'erreurs, de crimes ou de despotisme, ne poussèrent-ils pas contre Jésus ! Considérez leurs fureurs et leurs sévices.

Caïphe l'accuse de blasphème. Pilate s'en débarrasse au profit d'Hérode, dont il reconquiert ainsi l'amitié. Hérode le renvoie, par dérision, couvert de la robe des idiots. Les pharisiens l'accusent de soulever le peuple, le peuple le dénonce comme l'ennemi de César, tout en lui préférant Barabbas le séditieux. Pilate le trouve innocent, et le livre pour être puni, tandis qu'il délivre Barabbas, meurtrier et voleur. La soldatesque, qui a ordre de flageller Jésus, s'en acquitte avec un monstrueux raffinement de cruauté ; elle lui tresse une couronne d'épines, le couvre d'un manteau rouge, et le soufflète à plaisir. Voilà l'homme ! Que feront maintenant les Juifs de leur roi ? Ils n'en veulent plus d'autre que César, et la majorité répond à tout : « Enlevez-le ! Crucifiez-le ! *Tolle, tolle, crucifige !* »

Et voilà pourquoi et comment le Christ mourut.

Le libérateur disparu, il a fallu, pour que la libération du genre humain se poursuivît, que l'Église transmît intégralement, de génération en génération, la grâce et la vérité libératrices, qu'elle ne cessât de protester contre l'abus de la force, qu'elle indiquât sans fléchir ce qui appartient à César et ce qui appartient à Dieu, qu'elle ne subordonnât pas la puissance qu'elle tient immédiatement de Dieu à celle qui n'en vient que médiatement. Elle n'a pas failli à cette tâche ; aussi a-t-elle été et est-elle encore poursuivie par les mêmes clameurs qui avaient accueilli son divin fondateur.

Ne cessant d'affranchir l'homme de lui-même et de ses semblables, elle cherche de plus à affranchir la raison par l'étude des lettres, à affranchir le corps en scrutant la nature pour en découvrir les forces utiles. N'importe, elle est toujours le tyran des intelligences pour les libres penseurs, comme le tyran des consciences pour les libres faiseurs. On la dénonce au peuple comme la complice de la tyrannie, à César comme un fauteur de révolutions. *Tolle ! tolle !* On a crucifié le Christ, il faut faire périr son Église. Tel est le vœu du démon et de tous les révolutionnaires, qui sont ses enfants par l'orgueil. La prétention à l'indépendance, la haine instinctive de la vraie liberté et de toute autorité, le mépris de la vérité, de la dignité de l'homme et souvent même de sa vie, tels sont les caractères généraux auxquels vous pouvez les reconnaître. Crucifier le Christ leur fut possible ; faire périr son Église c'est différent. Le Christ ressuscité est avec elle jusqu'à la consommation des siècles. Inébranlable au milieu de la tempête, cette sainte Société accomplit dans ses membres ce qui manque à la passion de son chef ; et dans ce drame, déjà dix-huit fois séculaire, nous retrouvons toujours, parmi ses persécuteurs, le type des hommes qui présidèrent aux souffrances de l'homme-Dieu. C'est Pilate, esprit incertain, qui cède à la peur, et « croit se laver la conscience en se lavant les mains ». C'est Caïphe, plus coupable encore, qui déchire sa robe et l'Église. C'est Judas et son or ; Barabbas, le révolutionnaire accompli, à la fois séditieux, voleur et meurtrier. Comme peuples, ce sont d'abord les Juifs, auxquels vont s'adjoindre les schismatiques, les infidèles, les hérétiques et les rationalistes ; comme princes, les Césars : Césars de Rome, copiés par les Césars de Byzance, d'Allemagne, d'Angleterre et de France.

Certes, le Psalmiste avait une vue prophétique de ces choses, lorsqu'il se demandait : « Pourquoi les nations se sont-elles assemblées en tumulte ? et pourquoi les peuples ont-ils formé de vains complots ? »

« Les rois de la terre se sont levés, disait-il encore, et les princes se sont unanimement coalisés contre le Seigneur et contre son Christ ; rompons leurs chaînes, s'écrient-ils, et rejetons leur joug loin de nous. » (Ps. ii.)

Voilà, Messieurs, la licence. C'est toujours le cri de Satan : « Je ne servirai pas. » C'est toujours comme conséquence, pour les peuples, la perte de leur indépendance ; pour les Rois, l'avilissement de leur autorité.

Examinons d'abord les abus de la liberté provenant des suppôts de Satan, qui ont entraîné les peuples dans le schisme, l'infidélité, l'hérésie et l'impiété. Nous verrons ensuite les abus des dépositaires de l'autorité qui ont facilité ces œuvres de ténèbres.

L'Église, qui ne le sait? eut de sanglants débuts. C'est sa gloire. Malgré les persécutions, elle se répandit partout, et après trois siècles de martyre elle vit l'empire passer aux mains d'un César chrétien. En dehors de cet empire, elle ne s'était pas établie, de prime abord, d'une manière stable; car il devait lui servir de foyer et elle était venue se fixer à Rome pour rayonner de là sur le monde. Sortie de la Palestine, elle s'était déjà étendue sur les deux rives de la Méditerranée en formant des églises particulières; mais à peine avait-elle été reconnue officiellement que le schisme d'Arius vint rendre le pouvoir à l'ennemi des hommes. Il n'avait pu noyer l'Église dans le sang de ses martyrs, il essaya de la plonger dans l'erreur. Décidément, « le Christ pouvait sauver les hommes dans l'empire, mais l'empire ne pouvait devenir chrétien. » Un nouveau déluge arrive, celui des barbares. Ils viennent apporter à la société l'esprit d'initiative individuelle anéanti par le despotisme et par la corruption des mœurs. L'Église, société complétement organisée, ayant ses institutions, sa hiérarchie, sa discipline, ne les convertit pas seulement; elle les civilise. Privée de l'appui du bras séculier par l'arianisme, elle reçoit Clovis dans son sein; seul de tous les princes, il embrasse la cause de la vraie foi catholique, et alors commence, avec la vocation de la France, l'unité spirituelle et libre des nations baptisées.

Mais l'Église de Rome, bâtie sur Pierre, est la seule société contre laquelle les portes de l'enfer ne doivent pas prévaloir. Nous venons de la voir s'étendre dans l'empire et fonder des chrétientés, convertir les barbares et fonder des nations. Chrétientés et nations vont se séparer successivement d'elle, manifestant la liberté de l'homme poussée jusqu'à l'excès, et la gloire de Dieu qui seul est parfait.

A mesure que la suprématie de Rome s'affirmait, les Églises d'Orient, fières d'avoir transmis aux Occidentaux le flambeau de la foi, n'acceptaient qu'avec peine cette suprématie tutélaire. Elles se laissèrent aller à l'orgueil, et nièrent successivement plusieurs dogmes. L'arianisme était sorti de leur sein. Elles allaient être châtiées, et Mahomet fut l'instrument de la justice de Dieu. Tout concourut au succès de la religion dont il se disait le prophète : son habileté à lui, son audace, la nature de sa doctrine, les dispositions des peuples qu'il soumit, ainsi que leur état politique ou religieux. Je ne puis entrer dans le détail; mais « ce concours fut tel, selon de doctes historiens, qu'il serait difficile de ne pas y reconnaître l'action d'une puissance ennemie qui aurait pris, en quelque sorte, au service de sa haine contre l'Église tant de causes secondes si propres à en devenir les instruments. Dieu lui-même se retirait visiblement de ces régions indociles pour les abandonner à la tyrannie du démon. » L'horreur du nom chrétien, l'obscénité et la férocité poussées, surtout dans les premiers temps, à un degré auquel l'homme n'est pas capable d'atteindre naturellement, suffiraient pour en déceler l'origine. Réunis sous l'aiguillon de la chair, les farouches sectateurs du prophète viennent du fond de l'Arabie pour détruire le berceau du christianisme en Orient, et lui creuser en Occident un tombeau. Arrêtés d'abord par la Méditerranée, ils se divisent en deux courants, l'un s'écoulant au sud le long de la côte africaine, l'autre remontant au nord vers la Perse. Mais, comme les eaux d'un torrent qui rencontrent un obstacle s'accumulent au point de leur séparation, les armées musulmanes se concentrent vis-à-vis de Constantinople, qu'elles entourent et dont elles finissent par s'emparer. Le schisme qui déchirait cette ville et tout l'empire grec passe au service des czars, qui vont lui donner la durée. Il avait été fomenté par Photius, qui mourut avec la réputation d'être l'homme le plus éloquent et le plus savant de son siècle, mais aussi d'être le fourbe le plus audacieux et le plus habile qui ait jamais existé; bien digne, en un mot, d'être un de ces fils du démon qui, comme leur père, ne sont pas demeurés dans la vérité.

Voici donc le tableau présenté par l'histoire jusqu'au xvi⁰ siècle.

Au midi, le long du littoral africain de la Méditerranée, les musulmans, dont l'activité est minée par le fatalisme. *A l'orient et en équerre vers le nord,* les musulmans encore, avec leur fatalisme; et au-dessus d'eux, les Russes pétrifiés par une église dont le Saint-Esprit est absent. *Dans l'intérieur de l'angle,* Rome, ceinte de sa couronne de nations fidèles, dont la féconde activité se répand en progrès merveilleux, réagit avec vigueur contre les musulmans et porte dans le monde entier le nom et la religion de Jésus-Christ.

Hélas! elles aussi devaient apostasier.

Les honneurs, les plaisirs et les richesses tendent à dépraver l'homme en soulevant la partie inférieure et bestiale de son être contre l'âme raisonnable. Les nations chrétiennes avaient acquis ces biens dangereux tandis que « la charité se refroidissait dans le monde ». Le démon profita du progrès de la civilisation pour les détourner de leur fin. A l'aide de la Renaissance, il souffla sur elle l'esprit du paganisme, enfla les rois, infiltra le naturalisme dans les classes dirigeantes, ouvrit ainsi la porte au césarisme et prépara l'apostasie des princes et des peuples chrétiens. Les races du Nord, plus éloignées du soleil romain, succombèrent les premières. Bien des causes avaient déjà prédisposé l'Allemagne à l'hérésie : la lutte des empereurs contre les papes, le grand schisme, etc., lorsque Satan sut y trouver l'homme dont il avait besoin, Luther, son compère *avoué.* Il aida la révolte de cet apostat en excitant chez les princes et au sein des masses populaires la concupiscence des yeux ; de telle sorte qu'ils abandonnèrent, en échange des biens du clergé, non-seulement plusieurs des dogmes de l'Église, mais la foi même en son autorité. Le nord de l'Allemagne, le Danemark, la Suède, la Norwége, l'Angleterre, la Hollande, la Suisse, se détachèrent de Rome, et Dieu sait quels torrents de larmes et de sang furent la suite de cette rupture ; quelles multitudes innombrables d'âmes furent, alors et depuis, perdues, par surcroît, pour l'éternité.

Nous remarquerons en passant, que « si Dieu avait à d'autres époques suscité d'autres saints, il a voulu opposer à Luther et aux hérétiques du xvi⁰ siècle Ignace et la société instituée par ce grand saint ». Aussi toutes les persécutions survenues depuis contre la véritable Église ont-elles commencé par frapper les Jésuites.

Il résulta de toutes les apostasies qui viennent d'être signalées une immense conjuration contre la vérité, préparant une révolte complète contre la foi catholique. Le moment était venu où les races latines allaient être éprouvées à leur tour. Notre infortunée patrie devint la complice du démon : la révolution française éclata.

L'histoire des origines de cet effroyable cataclysme n'est encore qu'ébauchée. Un sceptique, M. Taine, vient de jeter sur ces origines un coup d'œil impartial et clairvoyant, mais trop superficiel. Le mot de Joseph de Maistre en restera toujours la clef : « La Révolution fut satanique dans son essence. »

La parole prononcée dans le paradis terrestre : « Vous serez comme des dieux, » avait retenti dans ce plaisant pays de France, nouvel Eden, puisque alors il était encore le plus beau royaume après celui du ciel. Cette parole nous la connaissons, car, malgré tous les maux qu'elle a causés, les révolutionnaires de toutes nuances

2

n'ont cessé de la répéter pour soulever les foules, et les foules n'ont cessé de les écouter :

« Vous aurez la liberté religieuse ;

« Vous aurez la liberté politique ;

« Vous aurez la liberté sociale ;

« Vous aurez la liberté de tout faire. »

Eritis sicut dii.

Reconnaissez à ces mensonges le père du mensonge et de la Révolution : sa griffe est là. C'est Satan, le roi des ténèbres, dont le souffle inspire les conciliabules des athées, agite le baquet de Mesmer, excite les menées des sociétés secrètes. C'est Satan, cet homicide dès le commencement, dont la haine de l'homme se manifeste dans ces massacres d'effroyable mémoire qui tarirent le sang le plus pur du clergé, de la noblesse et du peuple français.

Si la Révolution eut pour père le démon, elle eut pour mère la triple concupiscence. Tandis que les autres grandes révoltes avaient eu leur origine dans quelque vice spécial, les schismes dans l'orgueil, l'infidélité musulmane dans la luxure, l'hérésie protestante dans l'avarice, la Révolution est le débordement complet de la triple concupiscence : concupiscence de la chair, manifestée par le libertinage de la régence ; concupiscence des yeux, qui ne fut satisfaite que par le pillage des propriétés dites nationales et par la dilapidation du trésor public ; orgueil de la vie qui se trahit dans un projet insensé ; projet jadis conçu dans le ciel et toujours caressé dans l'enfer, quoique toujours déçu : projet de substituer aux droits du Créateur les prétentions de sa sotte et ingrate créature.

Ce monstrueux débordement d'iniquités fut le résultat de tous les genres d'erreurs accumulés en France dans les temps qui précédèrent sa catastrophe. On retrouve alors le principe de l'infidélité dans la haine des philosophes contre Notre-Seigneur, celui du schisme religieux dans le jansénisme, celui du schisme césarien dans le gallicanisme, celui de l'hérésie protestante, c'est-à-dire le libre examen de la foi, dans l'indépendance de la raison, qui est le fond du Cartésianisme (1). A l'époque des croisades, Abeilard avait déjà posé le principe du rationalisme; mais alors les esprits étaient trop nourris des vrais principes pour donner dans une telle erreur. Il fallait que la Réforme vînt nier les traditions et les croyances de l'Église pour que la philosophie pût se permettre de rejeter, *a priori*, les traditions et les croyances de l'humanité. Selon la judicieuse remarque du P. Ventura, « la France, qui avait énergiquement repoussé la *réforme* religieuse, eut le malheur de prêter l'oreille aux déclamations insensées des réformés contre la philosophie chrétienne, et, demeurée catholique par rapport à la religion, elle tomba dans le protestantisme par rapport à la philosophie. »

Vous comprenez, Messieurs, qu'avec la tendance pratique de son esprit la France fut promptement conduite par le protestantisme philosophique bien au delà du protestantisme religieux, et que le naufrage de la foi suivit de près celui de la raison. Celle-ci prise pour souveraine devait conduire les esprits à la négation du Christ Rédempteur, puis du Dieu Créateur. Quel triomphe pour Satan !

Mais il lui fallait d'abord faire nier la faute originelle à titre de revanche : voici pourquoi.

La révolte de la chair, stigmate de la révolte du premier homme, avait été d'abord comme le trophée de la victoire de Satan. Mais où le péché avait abondé, la grâce surabonda; l'Église put se réjouir en Jésus de

______

(1) Je prévois qu'une grande guerre se prépare contre l'Église sous le nom de cartésianisme. (BOSSUET.)

l'heureuse faute de l'homme qui lui vaut un tel Rédempteur, et la chute ne rendit dès lors que plus honteuse la défaite de celui qui l'avait causée. Nier la chute, c'était réparer cette défaite en rendant la Rédemption illusoire, et le Rédempteur ridicule. Rousseau proclama l'homme parfait, et Voltaire déclara le Christ infâme. Il ne resta plus à la Révolution qu'à offrir à l'homicide des libations de sang français, et à prostituer à ce père du mensonge la raison humaine, en la déifiant par un culte idolâtrique.

Pour la représenter et l'honorer, Robespierre introduisit un inepte instrument des plaisirs de la chair dans le temple dédié à la Reine des anges ; et il ne craignit pas de pénétrer jusqu'au fond du sanctuaire pour introniser le vice vivant-sur l'autel du Dieu vivant.

Quelle leçon ! Et dire qu'elle fut insuffisante !...

Ainsi, Messieurs, s'est brisé pièce à pièce l'harmonieux faisceau des nations catholiques.

Elles avaient cherché à réaliser, sous le patronage de l'Église, le type de la cité de Dieu. Si cet essai, qui ne pouvait réussir qu'incomplétement ici-bas où rien n'est achevé, ne doit pas se reproduire avec plus de perfection, il suffira néanmoins pour nous faire comprendre par la grandeur de la conception, les magnificences de la cité divine, par la faiblesse de l'exécution, la misère de l'homme et la miséricorde de Dieu.

Qu'avant l'apostasie des nations les hommes fussent devenus des anges ou des saints, c'est ce que vous ne voudrez pas me faire dire. Mais que jusque-là les peuples chrétiens se soient avancés dans les voies de la cité de Dieu, c'est ce que le haut degré de civilisation auquel ils sont parvenus rend palpable ; c'est ce que les désordres engendrés par leur défection ne permet déjà plus de contester ; c'est ce que leur ruine, peut-être prochaine, confirmerait douloureusement.

Pourront-elles, en effet, revenir à la religion, comme d'heureux signes le font espérer? ou, le monde penchant vers son déclin, l'Église devra-t-elle, comme au temps des Césars et au nôtre, se borner à sauver des individus dans les nations, jusqu'à ce que, le nombre des élus étant complet, on entende ce cri : Le temps n'est plus ?

C'est le secret de Dieu.

Dans tous les cas, cette Église catholique ne cesse pas d'être l'épouse très-sainte de Jésus-Christ. Jamais son unité ni son universalité n'ont apparu dans une splendeur pareille, et le bras séculier n'a fait, en l'abandonnant, que rendre plus visible le bras de Dieu qui la soutient.

Hâtons-nous d'ajouter que cet état de l'Église abandonnée n'est pas l'état désirable, puisque, toujours divinement inspirée, elle demande à ne pas être privée de secours temporels et à obtenir le salut et la paix, afin que, toutes les erreurs et les adversités étant écartées, elle puisse servir Dieu dans une paisible liberté. Mais lorsque Dieu, qui tient compte de la liberté humaine, semble rester sourd à ses prières, les adversités la purifient et la retrempent. En apostasiant, les peuples l'ont dépouillée de la rouille humaine qui tendait à s'attacher à ses flancs.

Quant à eux, ils n'ont fait, en s'émancipant de l'Église, qu'imiter le prodigue qui, arrivé à sa majorité, se rit des conseils d'une sainte mère et abuse de sa liberté pour se jeter dans le désordre et la ruine. Ils n'ont pas veulu de Jésus-Christ pour Roi : ils en viennent à tomber aux mains de proxénètes et de stercoraires.

En réalité, ils ont été seuls vaincus par Satan, qui les a dépouillés de l'unité, de la paix et de la liberté ; tandis que l'Église est restée le lien des âmes, la source de la paix et le moyen de la liberté.

Sans doute, il y a dans leur défection un profond désordre, un grand malheur, la cause d'une immense perte d'âmes. L'amour de la patrie, celui du prochain, la perte de nos plus chères libertés, nous font cruellement souffrir ; mais en quoi, je vous le demande, notre foi pouvait-elle être raisonnablement ébranlée?

En résumé, avant Jésus-Christ, l'homme révolté déifie ses vices et dresse des autels à Satan. Depuis il a crucifié Jésus-Christ et ne cesse de poursuivre son Église. Il nie ses dogmes, sa suprématie, son autorité, son chef, qu'il veut remplacer par une impudique et éphémère idole.

Dans cet enchaînement d'erreurs et de révoltes, l'homme revêt un caractère vindicatif, véritablement gigantesque, et en même temps montre une puérilité incroyable. Seul il n'eût pu, certes, concevoir le dessein dont nous venons d'indiquer l'ensemble, en poursuivre l'exécution, ni tomber enfin dans le ridicule le plus pitoyable. Non, l'instigateur de cette lutte désespérée contre le Christ ne peut être l'homme, dont le Christ a pris la chair et pour le salut duquel le Christ a voulu mourir. L'instigateur de cette lutte, c'est celui qui l'a commencée avant l'homme et auquel l'homme a dressé des autels ; c'est celui qui a refusé de reconnaître le Verbe incarné lorsque le Seigneur a dit par avance : « Que tous les anges l'adorent. » C'est Satan, qui depuis porte la peine de sa rébellion et conserve le ressentiment de sa chute. Certainement on ne peut méconnaître de bonne foi, derrière la main et l'intelligence de l'homme, l'action de ce maudit. Il eut toujours des adorateurs marqués d'un triple caractère, de bêtise, de brutalité et de bestialité, alliant un faux et vague mysticisme aux superstitions les plus grossières et aux actes les plus immoraux. Sans nous arrêter à la cabale juive, ou aux derviches musulmans, et pour ne nous occuper que d'une lignée, disons qu'ils apparaissent dans l'histoire principalement sous le nom de gnostiques, de manichéens, d'albigeois, de templiers et francs-maçons. Ces derniers se vantent d'être les fils de tous les précédents et s'exhortent entre eux à les imiter. Il paraît même avéré que Satan, leur père commun, est apparu de notre temps dans plusieurs loges maçonniques ; mais il est aussi futile d'aller le chercher dans ces antres, qu'enfantin de se récrier sur la possibilité de l'y trouver. Pourquoi donc aller le chercher là ou il ne peut se montrer que sous un vêtement d'emprunt, lorsque nous le voyons s'agiter d'une manière bien autrement palpable sous le tissu des événements ? Et pourquoi, d'un autre côté, ne voudrait-on pas croire qu'il trône dans une de ces loges dont le travail souterrain éclate partout et partout le même, déclarant aussi clairement cet esprit du mal qui les régit, que la figure de l'homme manifeste les passions qui l'agitent, que ses actes révèlent l'âme qui en est le principe ? Comment ne pas reconnaître l'esprit du mal pour l'inspirateur de ces paroles prononcées il y a moins de deux ans et qu'il a été loisible à un journal de la secte de rapporter impunément : « On a parlé de guillotine, nous ne voulons que renverser les obstacles. Si cent mille têtes font obstacle, qu'elles tombent ! »

De telles insanités sembleraient grotesques, si elles n'étaient éclairées par le sinistre reflet des incendies de la Commune. En les voyant dans cette horrible lumière, le sourire ne s'achève pas, et l'on comprend que celui qui enflamme les cœurs d'une manie d'homicide si atroce est celui-là même dont les suppôts ont promené l'incendie dans Paris.

Et comment, d'ailleurs, nier son existence ? Ce ne sont pas seulement les hommages de cette chaîne de sectaires, dont les anneaux se soudent à travers les siècles, qui en témoignent : c'est tout hier, et ce sera tout demain.

Vous l'avez vu souverain de ce monstrueux empire de Rome, « où tout était dieu, excepté Dieu lui-même. » Vous pouvez le voir cherchant, dès à présent, à réunir toutes les forces naturelles qui resserrent l'union des sociétés ; et groupant toutes les défaillances morales, toujours dociles au joug, pour réaliser une unité plus complète et plus monstrueuse encore que la première, dans laquelle rien ne sera Dieu, excepté l'Antechrist, le représentant et, pour ainsi dire, l'incarnation de Satan.

Entre ces deux paganismes, le monde s'était converti ; mais vous avez pu suivre pas à pas l'action sociale du démon prêtant son concours à tous les révolutionnaires. Sans lui Mahomet eût-il pu réunir tant de peuples sous le croissant? Sans lui, le schisme de Photius n'eût-il pas expiré avec l'empire grec? Et sans lui, la grande défection du xvi⁰ siècle eût-elle été si prompte et si funeste?

Enfin, dans ce lugubre drame où la France a vu la foi abolie, la raison déshonorée et l'homme exterminé, la nation a fourni sans doute les bourreaux et les victimes ; mais qui fit concourir à sa perte tant d'ouvriers différents qui se renversaient, qui s'égorgeaient même les uns les autres, et qui pourtant s'acharnaient à poursuivre la même œuvre? Qui fut l'âme de la Révolution, en un mot? C'est Satan, vous dis-je. Pour l'honneur de votre raison, vous ne pouvez en chercher une autre, et par respect pour la nature humaine vous ne le devez pas.

L'homme abandonné à lui-même n'est pas capable de telles saturnales, ni d'une férocité si persistante et si abominable. Mais on voit à quel degré de dépravation peut le conduire l'abus de la liberté. Lorsque cet abus se généralise assez pour devenir un péché national,

lorsque les peuples se prennent à dire de Jésus-Christ :
« Nous ne voulons pas que cet homme règne sur nous
(Saint Luc, xix, 14), » Jésus secoue alors sur eux la
poussière de ses pieds en leur donnant les maîtres qu'ils
méritent. Au lieu d'être leurs guides et leurs tuteurs,
ceux-ci, instruments inconscients ou complices avoués
du démon, achèvent de les entraîner dans les voies de
la perdition. En acceptant des connivences coupables,
ils délibèrent sur ce que les peuples méditaient déjà
(Ps. ii); et, enivrés par leur puissance, ils en profitent
pour se mettre au-dessus des lois divines, qui la limitent
moralement, et par suite pour asservir l'Église, qui en
est la gardienne. De là, ces conflits entre l'Église et
l'État, dans lesquels l'Église ne succombe jamais sans
que la liberté succombe avec elle.

La liste des oppresseurs de l'Église est longue.

C'est Michel Porphyrogenète, irrité de voir son oncle
excommunié, à cause de ses désordres, par le saint
patriarche Ignace. Ignace est jeté en prison, et l'empire
grec, lancé dans le schisme, est voué au cimeterre des
Turcs.

C'est Frédéric Barberousse, l'ennemi de la papauté.
On lui avait dit : Votre volonté est le droit, suivant l'antique axiome romain : « Ce qui plaît au prince a force
de loi. » Il s'intitulait la loi vivante, et rêvait l'empire
universel sur l'humanité chrétienne.

C'est encore le lubrique Henri VIII, qui introduisit
la réforme en Angleterre, parce que le pape lui refusait
la liberté du vice et du crime.

C'est l'indigne petit-fils de saint Louis, Philippe le
faux monnayeur, qui persécuta Boniface VIII. « Alors,
pour la première fois, dit le protestant Sismondi, la
nation et le clergé s'ébranlèrent pour défendre les
libertés gallicanes. Avides de servitude, ils appelèrent
liberté le droit de sacrifier jusqu'à leur conscience aux

caprices de leur maître, et de repousser la protection qu'un chef étranger et indépendant leur offrait contre la servitude (1). »

C'est encore Louis XIV et ces mêmes libertés gallicanes ; Napoléon et les articles organiques. Toujours les puissants qui veulent se mettre au-dessus de la loi divine, parce qu'elle est un frein à leur domination.

Malheur donc aux peuples qui aident leurs gouvernements à se soustraire à cette loi ! Ils ne font que se forger des chaînes. Oui, malheur à eux ! car, je l'affirme sans crainte d'être démenti ni par la raison ni par l'histoire, si la religion n'est pas la règle souveraine pour les princes, comme pour les sujets, ceux-ci sont irrévocablement condamnés à vivre courbés sous la volonté de l'homme, et la liberté n'est plus qu'un nom.

Et remarquez-le, Messieurs, le nombre des volontés régnantes n'allége point le joug ; au contraire. Il faut en définitive, pour l'action, que toutes ces volontés se réduisent à une seule. Dira-t-on aux gens que celle-ci, surgissant au milieu de cent et cent autres, sera la meilleure ? Ce serait par trop d'effronterie ou de simplicité.

Figurez-vous, Messieurs, une assemblée qui, partant de la supposition que le peuple lui a délégué le pouvoir, voterait et décréterait comme si tout lui était permis, prétendant qu'elle a tout droit et sur tout le monde : quelle différence verriez-vous entre ce régime et celui du césarisme antique ? Aucune, n'est-ce pas ? D'où vient, en effet, cette maxime césarienne : « Tout ce qui plaît au prince a force de loi ? » De ce que le peuple romain était supposé avoir transporté à Auguste et à ses successeurs l'omnipotence qu'il possédait hier sur lui-même.

___

(1) Voir l'ouvrage du R. P. Ubald, intitulé *Les trois Frances*, et dont Mgr Freppel a dit : « Je ne connais pas de livre où les questions actuelles soient traitées avec plus d'ampleur. »

De là, ce mot de Caligula : « Souviens-toi que tout m'est permis, que j'ai tout droit et sur tout le monde. »

Telle est la conséquence du principe de la souveraineté du peuple que la Révolution s'est appropriée. Or, au premier abord, il semble qu'il ne peut y avoir de joug pire que celui qui s'appuie sur cette fiction de la volonté d'un seul considérée comme la volonté de tous ; car celui qui ne s'y plie pas est écrasé au nom de tous. Et cependant les loges et la Révolution ont rendu encore ce joug plus affreux en l'incarnant dans une légion, et le faisant par là même anonyme, irresponsable, écrasant.

L'omnipotence d'une assemblée, c'est Caligula, multiplié par les loges de francs-maçons qui la font agir, et par tous ceux qui agissent en son nom, commissaires de la Convention, délégués de la Commune, ou autres préposés à l'iniquité.

Presque tous ces Caligulas sont couverts du sang de leurs semblables ; les autres auront au moins à regretter toute leur vie d'avoir fait verser bien des larmes : et pour eux, plaise à Dieu qu'ils le regrettent !

Vous le voyez, Messieurs, il y a deux races de Caligulas. L'une d'elles s'est approprié la maxime des Égyptiens : Opprimons-les sagement. Mais l'homme a le droit de n'être opprimé d'aucune manière. Au moins cette sagesse étrange, tant prônée à certaines heures, dure-t-elle ? Non, celui qui sème le vent récolte la tempête. Et la tempête venue, la peur de son semblable, qui rend l'homme capable de toutes les audaces, a bientôt formé des Caligulas. D'ailleurs, sans en être encore là, certains maîtres n'en sont pas moins césariens et païens ; césariens et païens par leurs basses adulations envers la foule dont il faut capter les suffrages : *omnia serviliter pro dominatione ;* par leur manière d'établir la paix : *ubi solitudinem faciunt, pacem appellant ;* par leur mépris pour tout ce qui n'est pas eux. Au lieu de dire avec Cicéron : « Je n'ai jamais dédaigné quiconque s'est offert à servir la république (1) ; » ils disent avec Sénèque : « La race humaine vit pour la satisfaction du petit nombre (2). » Ils sont césariens surtout par le principe : « L'État a tout droit sur le citoyen, » opposé au principe chrétien : « L'homme est naturellement indépendant de l'homme. » Permettez-moi, Messieurs, de vous citer à ce propos une belle page du P. Ventura, qui servira de conclusion à ce qui précède et d'introduction à ce qui va suivre.

« Nul homme n'a le moindre droit, *comme homme*, de violenter, de contraindre corporellement un autre homme. Si le pouvoir domestique a le droit de la verge au sein de la famille, ce n'est qu'en tant qu'il est revêtu de l'autorité et chargé de continuer l'action du Dieu *créateur* à l'égard des individus. Si le pouvoir politique a le droit de l'épée dans l'État, ce n'est qu'en tant qu'il tient la place du Dieu *conservateur* à l'égard des individus et des familles. Si le pouvoir religieux a le droit de la crosse dans l'Église, ce n'est qu'en tant qu'il a la mission d'exercer les hautes fonctions du Dieu *sanctificateur* à l'égard des individus, des familles et des peuples. Car, d'après les principes de la religion, tout pouvoir légitime vient de Dieu : *omnis potestas a Deo* (Rom. xiii), non-seulement parce qu'il a sa raison d'être en Dieu, mais aussi parce qu'il exerce une action propre à Dieu. Lors donc que les pouvoirs humains exercent la contrainte extérieure à l'égard de l'homme en le corrigeant, en le punissant, dans son propre intérêt ou dans l'intérêt de la société domestique, politique ou religieuse, ils ne le

____

(1) *Neminem qui navatam operam reipublicæ nostræ velit aversatus sum.*

(2) *Humanum paucis vivit genus.*

font qu'au nom de Dieu, en qualité de délégué de Dieu, d'après les règles de la justice de Dieu. Et malheur à eux si, dans leurs rapports avec l'homme, qu'ils sont chargés de gouverner pour le rendre heureux, ils méconnaissent le Dieu qu'ils représentent, ses volontés qu'ils doivent accomplir, ses lois qu'ils doivent suivre, et s'ils créent à l'homme la moindre peine d'après leurs propres intérêts et leurs caprices ! Ce n'est plus un droit qu'ils exercent alors, ce n'est qu'un brigandage, une injustice, une infamie et même presque un sacrilége, dont ils se rendent coupables ; car l'homme est et doit être une chose sacrée pour l'homme. »

Mais, Messieurs, pour appliquer de tels principes, la religion est indispensable ; et l'on ne veut plus ni de religion, ni même de Dieu. Aussi qu'est devenu l'individu ? Rien. — Et le *self-government ?* Un vaste engrenage destiné à broyer la matière humaine pour en extraire de l'or et du sang. Mais pourquoi tant d'or et tant de sang ? En presque totalité, pour faire aller la machine, c'est-à-dire pour en assurer l'existence et procurer le bien-être à ceux qui la mettent en jeu. De sorte que, par la force des choses, ceux-ci, qui devraient être les tuteurs de leurs administrés, en sont devenus les sangsues.

On ne saurait donc trop crier : « Malheur aux pouvoirs humains, si dans leurs rapports avec l'homme qu'ils sont chargés de gouverner pour le rendre heureux, ils méconnaissent le Dieu qu'ils représentent, ses volontés qu'ils doivent accomplir, ses lois qu'ils doivent suivre, et s'ils créent à l'homme la moindre peine d'après leurs propres intérêts et leurs caprices ! »

Et dès lors quels trésors de colère n'auront pas amassés sur leurs têtes ceux qui auront occupé le pouvoir sans mission, pour l'exercer sans conscience !

Mais encore plus coupables que ces habiles, sont les sectaires qui ont ouvert la voie à leur présomptueuse insuffisance ! Sous l'influence « de l'ivresse de l'orgueil et de l'indigestion du savoir », (Tertullien) ceux-ci ne pouvant pas escalader le ciel, le nient et profitent des progrès des sciences naturelles pour se déclarer les futurs maîtres de la terre. Ces souverains en expectative pourraient être vraiment indépendants il leur suffisait de réclamer l'aide de leur Créateur ; ils préfèrent réclamer la paternité du singe, et dès lors ce n'est qu'à l'indépendance du singe qu'ils peuvent aspirer (1).

Ces hommes chez lesquels le raisonnement a détruit la raison vont jusqu'à vouloir assujettir les âmes à leurs calculs. Le libre arbitre ne s'y prête pas, ils le brisent. L'autorité ne peut plus, après dix-huit siècles de christianisme, être exercée au nom de l'homme, et comme ils ne veulent pas qu'elle soit exercée au nom de Dieu, ils la brisent. Ils disent : « Le mécanisme de la volonté exclut, comme absolument contradictoire, la notion puérile du libre arbitre ; » et ceci : « Tant qu'il y aura un gouvernement, la liberté ne sera qu'une duperie. »

Vous le voyez, Messieurs, hors de l'Église catholique il n'y a pas plus de liberté ni d'autorité que de salut. L'expérience est faite. Sans l'Église, l'État et le citoyen sont en équilibre instable ; le pouvoir, comme un pendule suspendu à un fil, oscille, à tout souffle, entre la faiblesse et la tyrannie, tandis que le sujet va titubant, comme un homme ivre, de la révolte contre l'exercice légitime du pouvoir à la servilité pour le joug illégitime

---

(1) Satan est le singe de Dieu (Tertullien). Il est juste qu'il fasse de ses adeptes le singe des singes.

de l'homme. On finira, je l'espère, par le comprendre.
Quand l'erreur en est arrivée au point de vouloir substituer l'homme à Dieu, l'axe du monde moral est renversé
et l'ordre social ne tarde pas à être bouleversé. Dès
qu'on a proclamé vrai ce qu'il y a de plus faux, est-il
surprenant d'entendre appeler bien ce qui est mal, de
voir les coquins triompher et les honnêtes gens foulés
aux pieds? Les rôles sont intervertis dans tous les ordres ; ils devaient l'être.

Arrivés à cette extrémité des choses, nous finirons
sans doute par reconnaître « que la liberté est le pouvoir de faire le bien, comme l'entendement est la faculté
de connaître le vrai, et que la possibilité de faire le mal
n'est pas plus de l'essence de la liberté que la possibilité de se tromper n'est de l'essence de l'entendement,
que la possibilité d'être malade n'est de l'essence de la
santé (1). »

Alors nous reconnaîtrons aussi que l'autorité n'est
donnée que pour favoriser cette liberté du bien et pour
restreindre celle du mal dans les limites du possible.

Nous verrons que nous avons manqué encore plus de
raison que de foi ; nous irons trouver la règle du bien où
elle réside et « la révolution, commencée par la déclaration des droits de l'homme, finira par la déclaration des
droits de Dieu ». Car après avoir tout essayé en dehors
de Dieu, l'homme finira par avouer, avec saint Augustin,
qu'en Dieu seul est la paix : *Versa et reversa : dura sunt
omnia, et Deus solus requies.*

Tant qu'il n'en sera pas venu là, il éprouvera qu'il
n'y a pas de paix pour l'impie. Pas de paix au dedans de
lui, pas de paix au dehors. Jusqu'à ce qu'il se repose en
Dieu, « le cœur de l'homme fait pour Dieu est sans repos

---

(1) Mgr de Ségur, *La Liberté.*

hors de lui. » L'impie est donc toujours inquiet et porte partout l'inquiétude qui le ronge. Quand il n'y a plus de paix intérieure pour les particuliers, il ne saurait y avoir d'autre ordre public que celui qui est imposé par la force matérielle. Cette force peut amener une trêve ; elle ne saurait procurer la paix.

L'Église, au contraire, révèle à l'homme le Dieu qu'il cherche et par suite lui donne la paix : la paix intérieure qu'il trouve dans sa conscience et qu'il porte dans les actes de sa vie publique. Et cette paix il l'a acquise librement, c'est-à-dire conformément à sa nature, puisqu'un même artisan a dressé la tente de son corps pour être le sanctuaire de l'Esprit-Saint et a bâti l'Église qui en est le temple. Aussi l'homme trouve-t-il dans l'Église la satisfaction de ses aspirations les plus élevées, et peut-il leur donner essor sans contrainte et sans aucun dommage, ni pour l'État, ni pour les particuliers.

La force matérielle, tout en obligeant les hommes inquiets à respecter, quoi qu'ils en aient, l'ordre public, ne peut atteindre tous les écarts de chacun dans la vie privée. Or ces écarts, qui sont l'existence même des hommes sans Dieu, finissent par détruire les mœurs publiques et constituent la société dans un état de guerre perpétuelle. En effet, lorsque l'homme se détourne de Dieu, il ne trouve plus que le monde. Or « tout ce qui est dans le monde, comme nous l'avons déjà dit, d'après saint Jean, est concupiscence de la chair, concupiscence des yeux et orgueil de la vie ». Donc l'amour des plaisirs, l'amour des richesses et l'amour-propre saisissent le transfuge, et comme pour satisfaire ce triple amour, il lui faut attenter à l'honneur, à la fortune et à la liberté d'autrui, il ne peut réussir sans être le fléau de son semblable. Il le dégrade à force d'astuce, en séduisant son intelligence et en s'emparant de sa volonté, ou il l'opprime par la force brutale. C'est ainsi que les nations arrivent à l'état sauvage. Faut-il rappeler que si l'homme abdique son libre arbitre au profit de ses mauvaises inclinations, il devient semblable aux animaux des forêts errant sous l'empire de l'instinct à la recherche d'une proie? Alors s'accomplit la sélection, et se livre le combat pour la vie célébré par les darwinistes, dont les doctrines se réalisent en partie, puisque si l'homme ne descend pas de l'animal, il en adopte du moins les mœurs. *Et homo quum in honore esset, non intellexit : comparatus est jumentis insipientibus, et similis factus est illis.* (Ps. XLVIII, 12.)

Tel est cependant l'état de nature si vanté au siècle dernier et auquel on veut nous ramener aujourd'hui. La liberté de se *soumettre* à ses instincts, ce qui conduit promptement à la suprématie du plus fort : telle est la liberté qu'on tend à développer depuis la Révolution. Chacun pour soi et Dieu pour personne, tel est le principe qui tend à dominer dans la société.

Voyez plutôt ce qui se passe dans la phase actuelle de la Révolution. Les circonstances ne sont pas les mêmes qu'au siècle dernier ; mais les causes sont identiques. Pourrai-je aborder cette dernière partie de mon étude sans trop abuser de votre patience? J'en douterais si son actualité ne lui donnait un intérêt spécial, qui me fera pardonner, je l'espère, de prolonger un entretien qui a déjà trop duré.

Comme au XVIIIe siècle, l'anarchie dans laquelle la France se précipite prouve sa déchéance morale, et cette déchéance explique la facilité des récents triomphes de la Révolution.

L'homme sans Dieu s'est multiplié, et ce fléau de son semblable est devenu, par la tolérance de l'autorité, le fléau de la société, et la société se trouve aujourd'hui divisée en deux parties, l'une dégradée par l'astuce, l'autre sous le coup de la force brutale. Cela s'est fait

toujours d'après la même loi. A mesure que la crainte
de Dieu disparaît du cœur de l'homme, la triple concupiscence s'y développe, et à mesure que la triple concupiscence se développe la haine de ce Dieu rémunéra-
teur éclate et va s'enflammant toujours de plus en plus.
La politique de nos ennemis n'a pas d'autre base. En
partant en guerre contre l'Église, les révolutionnaires
étaient sûrs de la complaisance de ceux qui jouissent
sans conscience de leurs biens, comme de ceux qui dési-
rent en acquérir au détriment de leur conscience ;
mais il leur fallait le concours de ceux-ci. Ils l'ont obtenu en leur promettant une prospérité facile ; seulement,
le succès obtenu, ils ont déclaré qu'il n'y avait pas de
question sociale, et pour masquer cette défaite, ils ont
jeté des religieux en pâture à des mécréants. C'est un
festin, sans doute, pour ceux-ci : triste et insuffisant festin cependant ; car la haine ne s'assouvit jamais, et, les
religieux n'ayant plus de richesses, un festin immatériel
est bien incapable de satisfaire des affamés du bien
d'autrui.

De là, deux questions ouvertes aujourd'hui ou plutôt
deux plaies béantes : la question sociale que l'on nie ;
la question cléricale que l'on chauffe. Celle-ci qui effraie
moins ces hommes inconsidérés, mais qui, au fond, est
bien autrement redoutable : d'abord, parce que l'animosité contre la religion donne à la question sociale son
caractère sauvage et en rend la solution impossible ; ensuite parce que cette animosité tend à détruire des biens
sans lesquels les autres ne sont rien : la liberté de la religion, celle de la famille, celle de l'individu ; la liberté
de la religion, qui assure nos immortelles destinées ; la
liberté de la famille, qui fait revivre le père et la mère
dans leurs enfants ; la liberté de l'individu, qui a droit
dans le présent de satisfaire ses légitimes aspirations.

Aujourd'hui tout cela est en péril.

Ce n'est pas à cette assemblée que j'apprendrai la situation difficile dans laquelle se trouve la religion : les preuves abondent. Je me contenterai d'une citation.

M. Jules Ferry, ministre de l'instruction publique disait dans la loge des francs-maçons dont il fait partie : « Il faut que Rome, que l'ultramontanisme succombe à jamais. Le mot d'ordre est donné. » — Vous entendez, Messieurs : le mot d'ordre est donné. « On l'acceptera, on le proclamera partout ; remplacer la foi par la science, substituer l'humanité au joug des prêtres ! »

Voilà l'homme substitué à Dieu dans la conscience.

On ne veut plus de mariage religieux ; le même ministre Ferry n'en a pas voulu pour lui ; mais on veut le divorce pour les époux, l'instruction sans Dieu pour les enfants. Voilà l'homme substitué à Dieu dans la famille.

Quant à la liberté individuelle, vous savez comment l'État laïque l'a respectée dans les individualités les plus respectables, et je puis dire deux fois sacrées. Ici, les sévères paroles du P. Ventura me montent aux lèvres ; mais continuons.

Nous sommes donc sous le règne, ou, pour mieux dire, sous le joug de l'homme, et ce qui précède suffit pour vous faire apprécier la situation. La Révolution se développe, la liberté apportée par le Sauveur est conspuée ; les clameurs qui décrétèrent sa mort, et qui depuis retentirent si souvent contre son Église, éclatent de toutes parts : il semble qu'il n'y ait plus qu'un mobile, la haine du Christ ; qu'un intérêt, la déchristianisation de la France.

Cette haine exécrable dont vous reconnaissez le principe et les précédents, revêt un caractère nouveau qu'il me reste à signaler.

Si les passions et l'ignorance ne peuvent détruire absolument le libre arbitre de l'homme, elles peuvent le désillusionner, l'alterrer, l'entraver. De là l'impérieuse nécessité, et le devoir de conscience pour l'État comme pour les familles, de veiller à ce que la jeunesse reçoive une éducation saine et une instruction véritable.

Eh bien ! Messieurs, la révolution escompte l'avenir par la corruption de l'enfance. En cela, le laïcisme, qui prouve si surabondamment qu'il n'a pas plus que le paganisme le respect de l'homme, manifeste avec la même clarté qu'il n'a pas même celui de l'enfance, que les païens, au moins, avaient conservé. *Maxima debetur puero reverentia.* Les preuves de mon dire ne sont pas difficiles à trouver : en voici quelques-unes toutes récentes.

Une feuille des plus obscènes est offerte aux lycéens à la sortie des classes, et est enlevée par eux avec un lamentable empressement : « Il existe, dit un témoin oculaire, une nouvelle école de journalisme qui ne vise à enlever le succès ni par le style, ni par l'esprit, ni par l'information. C'est au corps qu'elle parle. Elle va effrontément aux passants, les chatouille aux endroits cachés de la *bête humaine*, caresse les plus matériels instincts. Nous ne pouvons nous empêcher de frémir en voyant le succès de ce misérable papier auprès de tant d'acheteurs qui devaient être innocents, et qui n'auront pas de virilité s'ils n'ont pas eu d'enfance. Ils se jetaient sur ce fumier comme un mendiant affamé sur le pain. »

Et cela, Messieurs, n'a malheureusement rien d'étonnant. Dans les établissements universitaires, où les boursiers et les fils de fonctionnaires sont forcément placés et prématurément livrés aux vices, les élèves lisent en cachette des livres dont trop souvent on leur a donné le titre et fait l'éloge en classe. Ces livres les dépravent non-seulement en souillant leur cœur, mais encore en faussant leur intelligence ; de sorte que leur retour à la vérité est, pour ainsi dire, désormais impossible.

Vous pensez sans doute que j'exagère, car ce que je dis là est monstrueux? Veuillez donc prendre connaissance d'une lettre que des collégiens, qui s'étaient déjà abstenus de se découvrir devant le saint Sacrement, se sont permis d'écrire, le 17 juin dernier, au *Journal de l'Ain*. Vous y verrez que : « les lycéens de Bourg ne restent pas indifférents au mouvement d'enthousiasme que provoque aujourd'hui dans le pays le nom trop longtemps ignoré de l'auteur d'Ahasvérus. »

Voilà j'espère, Messieurs, qui est bien trouvé, et vous avouerez que cette manière de désigner Quinet par un de ses mauvais livres, a une saveur révolutionnaire toute particulière. Mais laissons, comme ils le demandent dans leur feinte humilité, ces nourrissons de la Révolution « commenter César..... et Quinet, » et Quinet? et passons à une autre citation.

« Nous parlons de journaux ; mais, et les photographies, et les estampes de toutes sortes, et les statuettes dites fantaisistes ! A chaque coin de rue vous tombez sur d'horribles lubricités ! A chaque coin de rue vous rencontrez des groupes de marmots de dix à douze ans, admiratifs, palpitants, les yeux hors de la tête, humant le vice devant quelque étalage d'infamie. »

C'est un système. Voici ce que le maire de Tours, ancien professeur de l'Université, proclamait lors de l'inauguration de la statue d'un prêtre ordurier et sceptique. « On peut dire que Rabelais a tracé le programme de la véritable éducation républicaine, aussi bien pour le corps que pour l'esprit. »

Le libertinage pour l'esprit, la goinfrerie pour le corps; voilà, paraît-il, en quoi consiste la véritable éducation républicaine. Et voilà aussi pourquoi il faut s'emparer des écoles sans retard et chasser les Jésuites coûte que coûte. Vraiment, quand la France sera rentrée dans l'ordre, on sera stupéfait des énormités commises de notre temps, en paroles et en actes.

Faire des viveurs, voilà donc désormais la thèse des éducateurs de la jeunesse, et ceci est sérieux, car la corruption précoce conduit à l'abaissement moral, et l'abaissement moral donne à la secte son seul moyen de gouvernement.

Pour gouverner un peuple libre, il faut être libre soi-même. Or, les francs-maçons ne le sont pas. Ils ont aliéné leur libre arbitre en se faisant les artisans d'une œuvre de ténèbres, et s'ils règnent, c'est un autre qui gouverne. Il leur faut donc un peuple malléable, et ils commencent à le pétrir dès l'enfance. D'un autre côté, ils savent que « la même soumission qui nous met au-dessous de Dieu, nous met en même temps au-dessus de tout. » (Bossuet.) Aussi, profitant du pouvoir exorbitant que donne la multitude, et qui peut faire du Dieu-État le plus insupportable des tyrans, les loges s'efforcent de suppléer au droit et à la raison contraire à leurs criminels desseins, en poussant le pouvoir à employer injustement contre la religion la force dont il est le dépositaire pour le bien. La religion vaincue, elles auraient facilement raison des aspirations les plus élevées de l'homme; et elles auraient réalisé l'ignoble maxime du Maître : « Dégrader pour régner. » C'est dans ce but, et pour dissimuler le joug odieux imposé aux consciences, qu'elles favorisent la liberté des plus basses passions de l'homme. Cette liberté, nous n'en voulons pas. Nous ne voulons pas d'une liberté de la presse qui flétrit l'enfance, d'une liberté d'éducation qui l'empoisonne ; d'une liberté de penser qui défigure la vérité ; d'une liberté de conscience qui outrage la morale. Nous ne devrions pas même vouloir de la liberté de nos corps, s'il fallait l'acheter au prix de la liberté de nos âmes,

La liberté dont nous voulons, c'est la liberté dans la justice et dans la vérité, cette liberté promise par le Christ, lorsqu'il a dit : « la vérité vous rendra libres ; » liberté des enfants de Dieu, liberté à l'égard de la chair et du sang pour se donner plus entièrement à Dieu et à son prochain. C'est celle dont le Père Faber disait : « La liberté et le détachement sont une seule et même chose, l'homme qui n'a pas d'attaches est libre, et nul autre que lui ne l'est véritablement. » Mais cette liberté horripile nos maîtres. Ils n'en veulent ni pour eux, ni pour nous, ni surtout pour ceux qui ont tout donné pour l'acquérir. Déclarons donc, de notre côté, et ne cessons de déclarer que la France ne sera pas libre tant qu'on n'aura pas rendu à ses enfants la plus française des libertés, celle de se dévouer pour les autres.

Et croyez-le bien, Messieurs, on ne se sacrifie vraiment pour les autres que lorsqu'on se sacrifie pour Dieu. La preuve est déjà faite aux yeux de tous ceux qui ont voulu voir à l'œuvre les ordres religieux. Elle va se faire par l'absurde, lorsque les laïcs vont les avoir remplacés. On apprendra alors ce que peut la morale rabelaisienne pour fournir à tous les services de la charité : vaincre l'indocilité de l'enfance, essuyer les larmes des malheureux, faire tête aux épidémies, donner aux vieillards les soins les plus rebutants. Alors, quelle disette de personnel ! quels désordres ! que de plaintes et surtout que de souffrances !

A la vérité, on ne supportera pas soi-même tous ces maux, et l'on n'écoutera pas ces plaintes de gens sans prépondérance. On les aura débarrassés des prêtres et des sœurs, qu'auraient-ils à demander de plus ? Et les âmes ? — Mais les animaux n'ont pas d'âmes, et ne sommes-nous pas des animaux ?

Voilà cependant comment la Révolution est en train de résoudre la question sociale. Voilà comment ceux qui ne se sacrifient pas pour [Dieu sacrifient les âmes et les corps à leur haine de sectaires.

Je vous le disais déjà il y a un an, c'est le paganisme qui revient et qui fait entendre son cri de : *Vœ victis !* Malheur aux plus faibles ; mais surtout malheur aux cléricaux ! Les chrétiens aux bêtes, à la plus cruelle de toutes, à la bête humaine ! Que d'efforts ne fait-on pas pour la lancer contre nous ! Que de torrents d'encre ne répand-on pas chaque jour dans ce but ! On y arrive peu à peu, et bien des prêtres en savent déjà quelque chose. Les cas sont encore isolés, encore réprimés la plupart du temps. Mais que le pouvoir qui donne licence à l'excitation ferme un peu plus les yeux sur les actes de ceux qui y cèdent, qu'il achève l'épuration de la magistrature, qu'il continue à donner l'exemple en portant la main sur les oints du Seigneur, et nous verrons se généraliser des violences déjà trop fréquentes. Du clergé on passera aux cléricaux ; nous n'aurons plus même la liberté d'exister.

N'a-t-on pas écrit dans une feuille publique : « L'abolition des formes religieuses et des superstitions, la pensée libre, éclairée et positive, la morale indépendante ne se réaliseront pas forcément parce qu'on aura établi le droit commun pour tous et que les prêtres seront libres.... Il ne devrait même pas y avoir, pour le clergé, si c'était possible en fait, de droit à l'existence. »

Et ne lit-on pas, dans une autre feuille : « Le mal occasionné par le clergé demeure impuni..... Sus aux prêtres catholiques ! (1) »

Et maintenant, Messieurs, je vous le demande, qu'est devenue la liberté de la conscience apportée par

____

(1) Voir l'ouvrage déjà cité du P. Ubald.

le Christ et la condition première de toute liberté véritable ? Qu'est devenue l'autorité sacrée par le Christ, et garantie indispensable de la liberté ? Qu'est devenue enfin la paix donnée par Jésus-Christ, cette tranquillité de l'ordre qui résulte du développement de la liberté sous l'égide de l'autorité ? Où sont ces dons inestimables ? Et vous, hommes, qu'en avez-vous fait ? Ce que les hommes en ont fait, vous le savez, Messieurs, et vous savez aussi où ces dons résident encore ? La liberté est dans vos cœurs, l'autorité est dans l'Église, et la paix est en Dieu. Ne nous troublons donc pas ; le Christ veille, et il nous invite à concourir au triomphe qu'il prépare à son Église, et qui rendra à notre France une liberté fructueuse, une autorité tutélaire et une paix solide.

Voyez comme tout prépare ce renouvellement de toutes choses. Les loges sont démasquées ; le monopole universitaire jugé ne se soutient plus que par la violence ; la philosophie chrétienne est remise en honneur par l'étude de saint Thomas, tandis que le libéralisme, conséquence d'une fausse philosophie, est vaincu. Comme cette doctrine du libéralisme est l'erreur capitale de notre temps, je vais en dire deux mots, non pour la réfuter, mais pour en montrer les dernières conséquences et leurs résultats probables.

Le fond du libéralisme, si je ne me trompe, est cet esprit de révolte plus ou moins prononcé qui nous fait chercher l'indépendance plutôt en nous-même que dans notre union avec Dieu. Il comprend toute une série décroissante de récalcitrants, depuis le radical qui, comme Satan, refuse formellement d'obéir, jusqu'au catholique libéral qui, n'ayant pas suffisamment le tact de la foi, profite, pour vivre autant que possible en dehors d'elle, de toutes les mailles du filet divin dans lequel, cependant, il s'est volontairement laissé prendre. En reprenant inversement cette série de volontés qui se débattent contre la vérite entière, on voit l'amour de soi prendre le dessus de plus en plus au détriment de l'amour de Dieu, niant d'abord l'autorité de l'Église sur les princes, puis sur les sujets, puis l'autorité de Jésus-Christ, puis celle de Dieu, et arrivant alors au paroxysme de la haine, à l'aberration de la conscience, à la négation de la vérité, au mépris de toute justice. C'est ce que, par une permission du Ciel, vient de manifester d'un seul coup le contraste inouï, et sur lequel on ne saurait trop insister, de la condamnation de justes et de la réhabilitation de misérables.

Et remarquez-le bien, Messieurs, ce n'est pas par un abus du principe, c'est par son application haineuse, je le veux bien, mais logique, qu'on est arrivé à cette monstruosité. Les hommes étant indépendants de Dieu, de Jésus et de son Église, ceux d'entre eux qui abdiquent cette indépendance ne méritent aucune pitié, tandis que ceux qui la revendiquent sont bien excusables de leurs entraînements. Ainsi l'indépendance en dehors de l'adhésion complète à Dieu, à Jésus-Christ et à son Église, n'a qu'à se développer pour conduire à l'arbitraire et justifier l'anarchie. On le savait déjà par la foi, par la raison et par l'expérience ; mais on ne le savait sans doute pas encore assez, et il fallait, pour déchirer tous les voiles, que cette indépendance de Dieu produitîs à la fois sa double conséquence, et cela par une condescendance envers l'homme que je m'abstiens de qualifier.

Il n'est pas possible qu'en voyant les amis du Christ violemment expulsés, et leurs assassins rapatriés après des déclarations contraires et des sommations hautaines, tous ceux qui ont gardé quelque liberté d'âme et quelque sentiment de justice ne reviennent au Christ, source de toute liberté et de toute justice.

Quoi qu'il en soit, un résultat reste acquis : les gouvernements dits libéraux feignaient jusqu'ici, malgré la parole du Christ, de n'être ni pour lui, ni contre lui. Aujourd'hui que le pouvoir frappe l'élite des fidèles, le masque tombe, et si les libéraux prétendent que ce gouvernement n'est pas le leur, ils ne peuvent plus le soutenir sans se mentir à eux-mêmes.

Tous ceux d'entre eux qui sont honnêtes nous viendront, car quiconque n'est pas contre nous est avec nous. Dieu vient de nous en donner la preuve. N'est-ce pas encore un coup de sa droite, que cette protestation des sommités du barreau et de tant de leurs confrères, protestations justifiées par les déclarations des tribunaux, et traduites en actes par tant de magistrats qui ont sacrifié leur position à leur devoir, donnant ainsi une des preuves les plus certaines et les plus nobles de la véritable indépendance?

Honneur au Christ, Messieurs, qui en a appelé en Dieu, de la force à la conscience ! (Saint Jean, xvii, 22, 23). Mais honneur aussi à tous ces hommes encore assez chrétiens pour avoir retenu sa parole libératrice, et pour la maintenir en dépit de leurs opinions et de leurs intérêts, à une époque où le manque de convictions, l'abaissement des caractères, l'amour des fonctions et des jouissances matérielles sont tels que la France semble mûre pour la servitude !

Et qu'a-t-on opposé à ces témoignages écrasants pour l'iniquité qu'on se proposait de commettre ? Des armes loyales, j'en doute fort, et même, si je ne me trompe, on a pris les moyens caractéristiques des œuvres de ténèbres : le mensonge nécessaire pour les faire accepter, et la force matérislle, la seule capable de les réaliser, et qu'alors on appelle brutale parce qu'elle est employée à défaut de raison,

Jugez-en vous-même,

M. le ministre Cazot avait fait une déclaration relative aux examens pour l'admission au conseil d'État, ce conseil dont on a remanié le personnel avec tant de soin et auquel on prépare l'honneur de juger les justices mêmes. Eh bien ! M. Cazot a permis que le conseil d'État ne tînt nul compte de sa parole.

Rappelez-vous maintenant les derniers événements dont je trouve dans un journal le résumé suivant :

« Il y a un an, on reconnaissait devant les chambres que les lois ne permettaient pas au gouvernement de dépouiller les Jésuites du droit d'enseigner, et qu'il fallait consacrer cette interdiction par une disposition de loi spéciale : c'était l'objet clair et précis du fameux article 7. Le ministre actuel de l'instruction publique, M. Ferry, inventeur et défenseur de cet article, en exposait il y a quatre mois les mérites, l'intérêt et la nécessité absolue devant la chambre des députés. Or, parmi les arguments invoqués par ce sophiste sans scrupules, le plus péremptoire était ainsi conçu : « Si vous ne votez pas l'article 7, qu'aurez-vous fait, Messieurs ? Vous aurez consacré à tout jamais dans ce pays le libre enseignement des jésuites. » (Discours du 27 juin 1879.) Ainsi, le 27 juin 1879, aux yeux du gouvernement, dans sa pensée, dans sa conviction, l'article 7 écarté, les Jésuites obtenaient du gouvernement, *ipso facto*, la consécration solennelle du droit d'enseigner. Depuis, l'article 7 a été repoussé, et c'est le gouvernement qui, non content de dissoudre les congrégations des Jésuites, a ajouté pour ces religieux l'obligation incroyable de fermer leurs établissements scolaires ! »

M. le ministre de Freycinet, président du conseil, avait dit : Les tribunaux décideront. Partout on a arrêté l'action des tribunaux, et pourquoi n'a-t-on pas osé affronter leur jugement, si ce n'est parce qu'on savait qu'il serait dicté par la justice, et parce que, malgré la

consultation des avocats, le jugement de la magistrature
assise, les démissions de la magistrature debout, on
espère que le tribunal des conflits, arrêté par la gravité
du fait et par la position de ceux qui en ont la respon-
sabilité, n'osera pas rendre hommage au droit des particuliers, surtout lorsque ce droit est invoqué par des
religieux ?

Ainsi, selon toute apparence, une nouvelle iniquité
doit être commise presque nécessairement : *abyssus
abyssum invocat.* Et pour rendre le contraire plus
impossible, il semble qu'on veuille combler la mesure en
se hâtant d'achever l'exécution des décrets.

N'est-ce pas le cas d'ajouter avec le Psalmiste : « Cette
voie est leur ruine, et cependant ils se congratulent? »

A eux, en effet, la force et le succès pour le moment,
à nous l'honneur.

L'histoire viendra bientôt flétrir leurs agissements, et
son jugement ne sera pas le plus terrible.

En attendant, la cause de Dieu s'affirme de plus en
plus. Si l'attitude des hommes de loi a été virile et
admirable, celle des hommes d'Église a été plus forti-
fiante et plus imposante encore. Entre tous, accord
parfait et vraiment merveilleux : évêques, prêtres, religieux n'ont fait qu'un.

Une noble dame, qui est aussi une grande chrétienne,
me disait au début de cette année : « Monsieur le
général, nous allons assister à un spectacle splendide, celui de l'unité de l'Église. » Ce spectacle, il
nous a été donné de le voir dans notre pays, et plus
splendide encore que nous n'aurions pu l'imaginer.
Cette unité de l'Église que je vous signalais en com-
mençant, la voilà qui éclate en France d'une manière
solennelle, indiscutable, unité d'autant plus extraordi-
naire qu'elle se manifeste dans un pays si divisé qu'on
peut dire de nous : autant d'individus autant d'opinions.

Et qui lui a donné l'occasion de se manifester ainsi ? la persécution : *salutem ex inimicis nostris.*

Après avoir vu des signes de la protection divine tels que ceux-ci : le concours des hommes de loi obtenu, la conduite de nos ennemis qualifiée par le démenti formel et public que leurs actes donnent à leurs paroles, l'unité de l'Église affirmée, comment pourrions-nous douter de l'avenir ?

Certes, si nous considérons nos adversaires, leur nombre, leur organisation, leurs moyens d'action, leur manque de scrupule, l'aiguillon qui les excite, la puissance occulte qui les pousse, et en regard le pays en partie corrompu et en partie trompé, nous pourrons dire avec bien des apparences de raison : Tout est perdu. Mais, Messieurs, Dieu nous protégeant, rien n'est perdu. Lui-même ne nous a-t-il pas prévenus de ce qui arrive ? ne nous apprend-il pas que « le nombre des sots est infini », « qu'un jour viendra où les hommes, ne pouvant souffrir la saine doctrine, auront une terrible démangeaison d'entendre ce qui les flatte ; qu'alors ils suivront une foule de docteurs qui satisferont à leurs désirs, et, fermant l'oreille à la vérité, ils l'ouvriront pour entendre des contes et des fables » (par exemple, qu'ils descendent du singe, et que leur liberté date de la prise de la Bastille) ? Ne vous étonnez donc pas d'avoir aujourd'hui le monde contre nous : rappelez-vous seulement que Dieu l'a vaincu.

Mais, puisque nous ne pouvons plus évidemment compter que sur lui, il faut avant tout, et c'est là le difficile, nous confier absolument en lui. Je dis avant tout, car cela ne suffirait pas. « S'il nous a créés sans nous, il ne nous sauvera pas sans nous, » et il faut agir comme s'il n'était pour rien dans nos destinées. Nous agirons donc, Messieurs, avec la résolution que donne une imperturbable confiance en Dieu, et à l'aide de tous les moyens permis dont nous pouvons disposer. Nous nous mettrons tous à la tâche, sans autre préoccupation que de la bien accomplir. Je rencontrais dernièrement cette pensée : « L'œuvre de progrès qui se poursuit dans l'humanité n'a de perpétuité que pour Dieu et en Dieu. Les hommes peuvent y concourir comme de bons ouvriers, mais non pas comme l'architecte qui voit le commencement, la suite et la fin. » Soyons tous d'actifs journaliers, travaillons quotidiennement et sans trop de souci du lendemain à établir le règne de Dieu en nous et autour de nous. Ne cessons de manifester notre amour pour la sainte Église par une complète adhésion à son esprit, par une soumission entière à ses lois, par notre respect pour ses ministres. Disons de tout cœur avec saint Bernard : « Ce que l'Église croit, je le crois ; ce qu'elle désire, je l'embrasse ; si elle penche, je m'incline. » Que ses malheurs nous la rendent plus chère. Vous connaissez ce mot : « La cause victorieuse plaît aux dieux, mais la cause vaincue plaît à Caton. »

Notre amour, Messieurs, ne saurait-il s'élever jusqu'à la hauteur de l'orgueil de ce païen ? Éclairés d'une meilleure lumière, nous savons que, seule, la cause juste plaît à Dieu ; que seule elle doit nous plaire ; que, si elle semble vaincue parfois, c'est seulement pour un temps, et que les défenseurs ne tombent que pour recevoir des couronnes.

Nous n'avons pas cherché la lutte ; elle est pourtant commencée ; avec l'aide de Dieu nous la poursuivrons sans défaillance. Si le droit succombe, nous en maintiendrons la notion dans nos âmes. On raconte qu'un inspecteur des écoles allemandes ayant demandé à un jeune Alsacien où était la France, l'enfant ouvrit sa petite veste, mit sa main sur son cœur et dit : « Elle est là. »

A la rapidité avec laquelle s'accomplit la désorganisation sociale, il peut se faire qu'on demande bientôt en

France : Où sont ces grandes choses, la foi et la liberté ? Alors, si nous leur avons survécu, il faudra que, mettant la main sur notre poitrine, nous puissions dire : Elles sont là ! Elles sont là ; il n'a pas dépendu de nous qu'elles ne soient plus que là ; il ne dépendra pas de nous qu'elles n'en sortent bientôt vivantes et victorieuses !